与孩子一起坚毅

张国庆　著

新 华 出 版 社

图书在版编目（CIP）数据

与孩子一起坚毅 / 张国庆著. —北京：新华出版
社，2020.5

ISBN 978-7-5166-5125-4

Ⅰ. ①与… Ⅱ. ①张… Ⅲ. ①家庭教育 Ⅳ. ①G78

中国版本图书馆CIP数据核字（2020）第074677号

与孩子一起坚毅

作　　者：张国庆	
责任编辑：蒋小云	封面设计：中尚图
出版发行：新华出版社	
地　　址：北京石景山区京原路8号	邮　　编：100040
网　　址：http://www.xinhuapub.com	
经　　销：新华书店	
购书热线：010-63077122	中国新闻书店购书热线：010-63072012
照　　排：中尚图	
印　　刷：天宇万达印刷有限公司	
成品尺寸：240mm×170mm	
印　　张：8	字　　数：65千字
版　　次：2020年5月第一版	印　　次：2020年5月第一次印刷
书　　号：ISBN 978-7-5166-5125-4	
定　　价：98.00元	

坚毅，是每个人心里悄默的清流，
心向目标，万折必东。

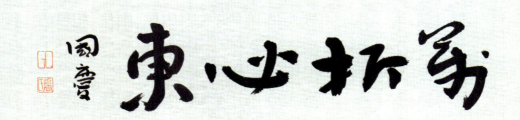

万折必东 · 书法手迹

自 序

　　人生如一株成长的树，享晴朗清新，亦难避风雨冰霜。

　　励志的生活，大概是在经历阴冷颠簸之后，依然认为世界是如此的美丽绚烂。

　　而这，需要坚毅！

　　我们的身边，总有自己所关心的人，有无数渴望成长的他人。至于稚嫩的花朵，则更是天下父母的心头之疼。

　　岁月使我们触摸真实，在访谈许多家庭，听过许多故事之后，笔者有感而发，催生文字。这其中也有自己的故事。

　　适当的时候，总要感受生活不只是纯粹的美好。

　　不管寒门豪门，总要学会独自上路。

　　犯错是必然的经历，与往事干杯后，决意把杯子也藏了起来，仿佛藏器于身，待时而动。

　　坚毅是行动的事，切莫只做语言巨人。

　　坚毅是方法的事，在持恒中因势而动。

　　书中之小画文字，恐有不适，恳请读者批评指正！若能以坚毅传递坚毅，便是人生幸事。

　　生活不易，让我们怀揣目标和自信，坚毅前行。

　　是为序！

目　录

壹 士不可不弘毅

目标 　／　 生活冷暖
孕育坚毅
成长路上
心生目标

生活的冷暖
孕育了目标和坚毅

目标·彩墨原创

天行健　/

天地之间

人之最贵

漫漫长路

心志在健

心健生自信

自信伴坚毅

天雨默念三字
天行健

壹 士不可不弘毅

少壮 /

少年欠努力
各有各原因
壮年责在肩
劝君倍努力

少年贝努力，
壮年倍努力

少壮·彩墨原创

积累　/　外界熙攘
我行沉淀
越积累
越幸运

越积累
越幸运

真努力 /

事在人为

切莫装作努力

顺其自然

是在努力之后

顺其自然
是放在努力之后说

防溺 /

人生纷繁事
育儿是重棋
自身固坚毅
溺爱毁长城
育得儿孙毅
方可心安之

不要因为过分保护
误了孩子

清健　/

漫漫生活路
不容懈怠过
经历奋争
沉淀心力
顿悟之际
清健二字

清健

德 不 孤　必 有 邻

福与难　/　同 享 之 事
　　　　　　勿 妄 且 惜
　　　　　　同 难 之 时
　　　　　　考 验 人 心

有福同享容易
有难同当尽力

福与难·彩墨原创

不忘 /

默默支持
铭记于心
有朝一时
报之以李

有朝一日小树成荫
叶下有凉不忘兄弟

识人 ／

奋进路上
识人交心
拥抱他们
走过风雨

泥泞识马
遇难识人

润之　╱

立德土壤
在乎养分
养分何来
身教润之

该出手时就出手

种子 /

德为本

方立身

种善未求多助

或有绿色一片

善意是一粒种子
可能收获一片绿色

种子·彩墨原创

自信　/

风平浪静
洒在脸上
骤风急雨
窝在心里

挂在脸上的自信
长在心底的善良 [印]

自信·彩墨原创

近贤 /

德不孤

必有邻

平日多近贤

修行又修心

人生困顿时

德者人多助

近贤

叁 岁寒知松柏

后凋 / 岁寒
知松柏后凋
时艰
炼人心坚韧

寒天去植物园走走
那里有松柏

冬季 /

会有那么一个冬季
失去了习惯的呵护
自备行囊
踏上征途

不是在此时 不是在家里
大约会是 在冬季

冬季·彩墨原创

苦 难 /

生活才是学校

各有各的苦书

熟读之时

我亦成书

不得不说
苦难是一所学校

吃点苦 /

贵从苦来

多有例证

现在不吃点苦

怕以后会很苦

现在不吃点苦
以后会不会很苦

吃点苦·彩墨原创

坎坷 /

人生如歌
一坎又坎
坎坎坷坷
人生节拍

坎坎坷坷
人生节拍

播春天 /

人亦有季遇
冰霜时不语
有冷有暖
只播春天

冰霜不语
只擂春天 🔲

砥进　/

岁寒之时

松柏后凋

人生磨玉

风雨砥进

坚持熬一些苦

终将得一些福

砥進

肆　一箪食　一瓢饮

独行　/　寒门豪门
　　　　皆归心门
　　　　真正幸福
　　　　皆应独行

什么寒门豪门
总有她自立路的时候 [印]

能静 /

熙熙攘攘
淡泊明志
人贵能静
可得亮丽

有一种淡泊
放下手机看会书

加钙 /

人生攀登
不断壮实
猛然回首
低调为之

去贫困山区走走
给孩子心志加点钙

依顺 /
依顺之度
恩威并施
百依百顺
不幸伏之

百依百顺
正在让他成为不幸的人

依顺·彩墨原创

俭则安 ╱

艰苦之时
俭而进
华丽之时
俭则安

大部分的人生
奢则狼藉俭则安

心宁 / 环境之变
乱心磨志
坚守安宁
世界是自己的

世界是自己的
与环境有缘无份

淡泊 /

时代奋进
万物换颜
眼前遮些物景
人心蒙些浮躁
热忱不忘俭朴
淡泊守住平安

淡泊

伍 苗而不秀有

撑不舍　／　壮志前行
　　　　　　难免割舍
　　　　　　心撑之
　　　　　　莫烦恼

撑不舍
莫烦恼

意外　／

跌倒了

爬起来

意外只是恰到好处

给人生提个醒

意外只是
恰到好处提个醒

扎根 /

你的沉默
就是扎根
你的孤独
就是热闹

你的沉默
其实是在扎根

扎根·彩墨原创

赶路 /

有景无景

人生全景

计白衬彩

继续赶路

没有风景的时候
也是要赶路的

受伤 /

江湖漫漫
我只一叶
一生的航行
没有不受伤的船

一生的出航
没有不受伤的船

受伤 · 彩墨原创

缓缓　／　苗而不秀
　　　　　秀而不实
　　　　　公园缓缓
　　　　　旗鼓再整

苗而不秀
公园走走

坦然 /

苗而不秀难免
秀而不实偶有
努力付出不唯结果
事在人为坦然处之

坦
然

陆 过则勿惮改

干杯 /

犯过错误
做过傻事
干了这杯
卧起心思

与往事干杯后
决意把杯子也藏起来

静一静

会有朦胧时
心中有羁绊
让心静一静
蓄势东山起

那好吧
你自己先安静下

看花 / 尴尬往事
不再提
功成去看
长安花

昔日龌龊不足夸
暗暗改正去看花

看花·彩墨原创

不说破 /

心事窝心里
心志如砺石
人生心相系
最系老小心

看出你有心事又不说破
是你已经老了的父母

买单 /

犯错虽不怕
务求少犯之
因为错误总要买单的
所以有买不起的时候

错误总要买单的
所以有买不起的时候

敲钉子 /

曾经丢了几只羊
不想说了
如今学会敲钉子
扎实生活

丢了多力只羊
才独自学会了敲钉子 [印]

敲钉子·彩墨原创

整枝 /

一些尴尬
一些挫败
人生如树
盛暑祁寒
残枝败叶
难免些许
整枝再长
四季如春

整枝

枝

整枝·书法手迹

人 无 远 虑　必 有 近 忧

长 筋 骨 ／

最 好 年 龄
切 莫 惘 然
趁 韶 华
长 筋 骨

蓝韶华
长筋骨

长筋骨·彩墨原创

驮粮 /

蚂蚁驮粮
以备变天
蟋蟀唱歌
好景不长

蚂蚁驮粮
蟋蟀唱歌

提前　／　生活匆匆
多有不料
凡事提前
备而安之

防止堵车
提前半小时出发 🔲

夜校　／

人处世间
处变益能
终身学习
砥砺前行

下班去上个夜校
万一不岗了

夜校·彩墨原创

今非昔 /

日复一日
今非昔比
成长换日月
请君多远虑

昔日的同窗
像风一样走了 🔲

今非昔 · 彩墨原创

孩子 /

一些大人
自己风光忽略了孩子
待到老来
实在难咽自酿的苦酒

有钱人
聊好房子聊孩子了

远观　　／

人心之于江湖

江湖各有冷暖

暖时懈怠

寒时生力

远观先行

多安多福

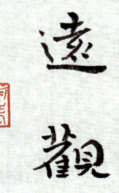

远观

譬 如 为 止　未 成 一 篑

歇歇 ／

累了歇歇
永不言弃
歇歇再走
风景就在前方

歇又一歇又再走
风景就在前方

恒字 /

造字源物
人贵有恒
左为心志
右为日月

左边是心志
右边是天地

忍耐 ／

世间最大的力量
当是忍耐
能耐如水
至柔至刚

最大的力量
是忍耐 🔲

譬如为止　未成一篑

如盲 /

心少旁骛
不断壮实
忠于目标
成在坚持

坚强的过程
有时像强壮的盲人

执着 /

有心可补能
不负有心人
看懂西行者
已是执着人

看懂西游记
已是执着人

譬如为止　未成一篑

心量　／　比心法比方法
比力量比心量
坚强不住的时候
再坚持一下

110 ／ 111

坚持不住的时候
再坚持一下

得法 ／ 自信对标
实践得法
法比难多
贵在坚持

得法

法得

贵在坚持 国庆

坚毅是行动的事，咬定目标地做，
自信地做，专注地做，得法地做，贵在坚持！